EXTRAIT

DE MA

CORRESPONDANCE

AVEC

M. LE COMTE DESPINOIS, ETC., ETC.

DE L'IMPRIMERIE DE PLASSAN, RUE DE VAUGIRARD, N° 15,
DERRIÈRE L'ODÉON.

EXTRAIT

DE MA

CORRESPONDANCE

AVEC

M. le comte **DESPINOIS**, lieutenant-général, ex-commandant la 1re division militaire,

Le *faux marquis* **DE FUSSY**, de Bourges, lieutenant de cavalerie en non activité,

M. **MAUGIS**, juge d'instruction au tribunal civil du département de la Seine.

Opuscule curieux pour tout Militaire.

« Je lui impose le devoir, en sa qualité d'officier
» français, de poursuivre la réparation de vos in-
» sultes réitérées, par toutes les voies de droit. »

Comte DESPINOIS.

L'officier français n'a pas besoin d'ordre pour voler au champ d'honneur, et il n'assassine pas.

MAILHOS.

A PARIS,

Chez l'ÉDITEUR, rue de l'Arbre-Sec, n° 8, au rez-de-chaussée.

M.DCCC.XIX.

AVERTISSEMENT.

Au lieu de répondre à une certaine invitation dont je l'avais honoré, le faux marquis de Fussy de Bourges, lieutenant de cavalerie en non activité, trouva des chances plus sûres à m'assassiner le 17 novembre dernier.

Je portai plainte contre lui pour tentative d'assassinat; je portai plainte aussi pour instigation ou complicité contre le comte Despinois, lieutenant-général, alors commandant la 1re division militaire.

L'état de faiblesse, sinon d'imbécillité, où m'ont réduit les coups assénés sur ma tête, à l'improviste et par derrière, ne m'a pas permis encore de faire suite à mes plaintes.

Mais un de mes amis m'ayant prévenu que le bruit courait que le comte Despinois allait être fait *pair de France avec une dotation de* 15,000 fr., j'ai recueilli mes forces pour avertir le trône et la Chambre des pairs de la situation du comte Despinois à mon égard. Si le comte Despinois est élevé à la pairie, quelle sera donc la récompense du fonctionnaire public qui pourra dire : *J'ai fait mon devoir.*

J'ai laissé à ces lettres les numéros qu'elles auront dans la correspondance que je ne tarderai pas de donner au public, à la suite des débats de cette affaire devant le tribunal.

Les principaux acteurs de cette affaire et de cette correspondance sont madame *Rambaud* de Lyon, qui a habité Marseille pendant dix ans, et qui depuis environ six ans fait le bonheur de la capitale ; le faux marquis *de Fussy*, de Bourges, lieutenant de cavalerie en non activité, qui n'a pas cru devoir plus obéir à l'ordre du lieutenant-général comte Despinois qu'à l'invitation réitérée de son serviteur ; et le soi-disant baron de *Cutouly*, qui, intermédiaire de madame Rambaud, intermédiaire de M. de Fussy, intermédiaire de l'éditeur de ces lettres, les a trompés tous, et qui, en me trompant, a fini par se tromper lui-même.

En rendant compte du *Dictionnaire véridique des origines*, le Journal de Paris du 19 janvier disait : « Cet ouvrage sera redoutable pour » tous ceux, et le nombre en est grand, qui » ont usurpé des titres et des armoiries ; » sous ce rapport il sera d'une importante

» utilité, puisqu'il pourra fixer l'attention sur
» une matière aussi délicate, dans un moment
» où la fureur des qualifications est poussée
» jusqu'à l'extravagance, et où le délit des
» usurpations héraldiques n'est pas réprimé.
» A peine sorti d'un pays qui l'a vu naître,
» un individu se qualifie audacieusement de
» *comte*, de *marquis* ; on l'annonce sous ce
» titre dans la société ; on le lui donne dans
» les relations épistolaires et dans le commerce
» du monde, dont l'indulgente politesse ne
» dresse pas des enquêtes pour constater la
» véracité d'un fait qu'elle laisse circuler
» sans conséquence et comme une monnaie de
» convention. »

Le rédacteur de cet article ne paraît pas au courant de notre législation ; voici la peine contre ceux qui *escroquent des décorations ou des titres de noblesse.*

« *Art.* 259 *du Code pénal.* Toute personne qui
» aura publiquement porté un costume, un uniforme
» ou une décoration qui ne lui appartenaient pas, ou
» qui se sera attribué des titres royaux qui ne lui au-
» raient pas été légalement conférés, sera punie d'un
» emprisonnement de six mois à deux ans. »

EXTRAIT

DE MA

CORRESPONDANCE

AVEC

M. LE COMTE DESPINOIS, ETC., ETC.

~~~~~~

N° VII. *A M. le comte* Despinois, *lieutenant-général, commandant la première division militaire.*

Paris, le 27 octobre 1818.

MONSIEUR LE COMTE,

Je vous prie de me permettre de venir chercher un asile dans votre justice.

Vous verrez par ma lettre n° I, à M. de Fussy, officier à demi-solde, de Bourges, que ce monsieur, venu à Paris le 12 août dernier, où il resta jusque vers le 22 septembre, porta le désordre dans une société
~~~~~~

intime...... Je fis un appel à sa générosité par cette lettre du 12 octobre, que je lui adressai à Bourges ; elle a demeuré sans réponse.

Il est revenu le 20 octobre à Paris ; je l'ai rencontré le 22 avec l'amie de mon cœur, je lui ai porté dès le soir *à son hôtel du Jour, rue du Jour-Montmartre*, un billet de visite, n° II ; ne le voyant pas paraître, je lui portai le 24 un second billet de visite, n° II, et je reçus en échange sa lettre, dont copie est remise n° III, où il me provoque de la manière la plus humiliante.

Je lui ai répondu le lendemain. Voici, n° IV, copie de ma lettre demeurée sans réponse.

Il n'a pas voulu la comprendre, préférant son système des *intermédiaires*, et l'ayant fait tenir à l'intermédiaire du commissaire de police.

Sa conduite raisonnée me fait raisonner la mienne ; j'ai l'honneur de vous adresser, monsieur le comte, les pièces sus-mentionnées, afin qu'à la vue de cette correspondance vous preniez, dans votre sagesse, les mesures qui vous paraîtront dignes de votre justice, contre un officier qui n'a pas de permis de séjour.

J'ai l'honneur, etc.   *Signé* MAILHOS.

N° XX. *A M. le comte* Despinois, *lieutenant-général, commandant la première division militaire.*

Paris, le 7 novembre 1818.

Monsieur le comte,

Dans l'audience que vous daignâtes m'accorder dernièrement, j'eus l'honneur de vous dire que je ne vous avais parlé de mon affaire avec M. de Fussy que parce qu'il en avait parlé au commissaire de police, et que je ne vous en entretenais que dans le cercle de vos attributions, c'est-à-dire, sous le rapport de la discipline militaire, qui ne permet pas à l'officier à demi-solde de quitter sa résidence et de venir habiter Paris sans autorisation et permis de séjour.

Vous me répondîtes que M. de Fussy avait demandé au ministre un permis de séjour, et que, s'il ne l'obtenait pas, vous feriez exécuter les règlemens militaires. M. de Fussy vous a déloyalement trompé, monsieur le comte, et je vous donne ma parole d'honneur qu'il n'existe encore au bureau de la cavalerie, au ministère de la guerre, aucune demande en permis de séjour par M. de Fussy.

Vous verrez par la copie de sa lettre, n° I, qu'il attaque ma réputation pour avoir un prétexte de ne pas se rendre au champ d'honneur.

Il s'était tué en me citant devant un commissaire de police, depuis que je lui avais demandé satisfaction; il s'est tué encore hier en se faisant accompagner chez moi par un officier qu'il a dit être son témoin, en me faisant faire une scène brutale par cet homme, et me faisant présenter un cartel par ce prétendu témoin, d'après son système favori des *intermédiaires*, conduite damnable, que je lui reproche dans mes lettres des 5 et 7.

Enfin, il ne cesse de valeter chez le commissaire de police, à la préfecture de police, au ministère de la police, pour avoir des renseignemens contre moi, comme s'il pouvait y en exister, afin de me dire mal famé, et de se dispenser de ce que l'on doit à un homme outragé. Ma lettre n° II.

Vous serez indigné de tant de déloyauté, monsieur le comte, et vous ferez exécuter les règlemens militaires en le renvoyant dans sa résidence, puisqu'il abuse de votre confiance et qu'il n'a pas encore demandé un permis de séjour.

J'ai l'honneur, etc.   *Signé* MAILHOS.

N° XXI. *A M. le comte* Despinois, *etc.*

Paris, le 9 novembre.

Monsieur le comte,

Je dois à la police militaire le relevé de la journée d'hier. Si M. de Fussy ne m'attaque que par devant, il y aura justice ; mais dans le cas qu'il m'attaque par derrière et au dépourvu, les évènemens seront expliqués d'avance (1).

Vous avez vu, monsieur le comte, que la conduite de cet officier, que j'ai harcelé une quinzaine pour se rendre au champ d'honneur, ne me permet plus de me mesurer avec lui ; il s'est rendu infâme à mes yeux en violant mon domicile jeudi dernier, et m'y faisant proposer un cartel par un jeune fou que je n'avais jamais vu. A quels excès se seraient-ils portés si mon audace n'avait fait la police ! Il s'est rendu infâme à mes yeux en allant dans tous les établissemens de police mendier des renseignemens contre moi, pour avoir un prétexte, comme il le fait entendre

---

(1) J'ai été le prophète de mon malheur.

dans sa lettre du 2 novembre, de ne pas se battre; je ne veux plus me mesurer avec un homme aussi vil.

Hier au soir, dimanche, à dix heures, j'ai accompagné une dame dans mon quartier; j'ai reconnu M. de Fussy qui bivouaquait à m'attendre; repassant pour me retirer, vers les onze heures, je l'ai encore reconnu ; sa préoccupation était bien forte, ou bien il ne s'est pas soucié de me reconnaître. Je rentre, je demande si M. Fussy s'est présenté, voici ce que l'on me dit :

« Une demi-heure après que vous avez été sorti, vers les onze heures, un homme nommé *la Daune* est venu pour vous dire qu'il y avait au canton un officier qui voulait vous passer son épée au travers du corps à cause d'une femme ; qu'il y était dès le point du jour à vous attendre ; qu'il avait été chargé, lui avec un autre, de moucharder à votre porte toute la matinée; qu'il venait vous en avertir parce qu'il vous connaît, etc. Vers deux heures cet officier, qui était chez la pâtissière du coin, l'a envoyé chez mon hôte pour le prier d'y aller; il commençait son récit lorsque mon hôte l'a invité à venir chez lui; là il lui dit que celui qui était venu dernièrement avec lui était son colonel; il lui a lu mes lettres, il lui a fait l'histoire de ses amours, lui a protesté qu'il était au repentir de n'avoir pas répondu à la voix de l'honneur, etc.; mon hôte lui a représenté qu'à tous ses torts il en joignait de nouveaux : qu'il avait eu tort de venir me faire faire une querelle chez moi par un autre, d'après son billet de visite de la veille et son avis qu'il reviendrait le lendemain matin à neuf heures, tandis que j'étais seul; qu'il était honteux qu'il allât chercher à la police des renseignemens contre un homme de ma profession et le plus tranquille de Paris; qu'il était bien inconvenant de venir s'établir dans la rue et d'avertir toute la rue de ses affaires, et qu'il n'y avait pas de délicatesse à faire moucharder toute la matinée dans son hôtel, etc. »

J'ai cru devoir, monsieur le comte, en cas de mauvais évènement, vous transmettre ces détails.

J'ai l'honneur, etc.   *Signé* MAILHOS.

N° XXII. *A M.* Mailhos, *avocat.*

1re DIVISION MILITAIRE.
—
Etat-Major général.

Paris, le 9 novembre 1818.

Monsieur, vos démêlés avec M. de Fussy ayant pris le double caractère de l'outrage et de la diffamation personnelle, j'ai l'honneur de vous prévenir que je m'en interdis, dès ce moment, la connaissance ; et que bien loin d'ordonner l'éloignement de cet officier, dans la situation pénible où l'ont placé vos insultes réitérées, je lui impose le devoir, en sa qualité d'officier français, d'en poursuivre la réparation par toutes les voies de droit.

Recevez, monsieur, l'assurance de ma considération.

Le lieutenant-général commandant la 1re *division militaire.*

Signé comte DESPINOIS.

OBSERVATION.

La loyauté, la générosité, l'humanité même permettent-elles de se battre contre un homme qui ne se présente que par ordre ? Si le sieur de Fussy avait pu remporter sur lui d'obéir à l'ordre reçu, en ne pas attaquant par derrière, ne me serais-je pas moi-même regardé comme un assassin, en le prenant pour un plastron, en me battant contre un homme garrotté par l'ordre supérieur, contre un homme derrière lequel j'aurais constamment vu le comte Despinois formant une seconde ligne pour le contenir, donnant à son bras la direction de la bravoure, manquant son coup par la frayeur que devait lui causer le bruit de l'arme, et le laissant exposé à tout le danger de mon sang-froid ?

N° XXIII. *A M.* Gassot de Fussy.

Paris, le 9 novembre 1818.

Puisque c'est pour vous une jouissance, monsieur le marquis, de venir lire les lettres dont je vous ai honoré au marchand de vin du canton, à la pâtissière du coin, à mon hôte, etc. ; je vais en ajouter une au recueil pour que vous veniez en entretenir les menus plaisirs de mes voisins.

Hier au soir, vers les dix heures, nous passâmes à côté de vous, cette dame habillée de noir qui rit aux éclats après vous avoir dépassé, et son cavalier, qui était moi. Je ne puis me dissimuler que vous n'étiez à cette heure dans ma rue qu'à cause de moi, et quoique je ne doive plus avoir aucune relation avec un homme qui a essayé de m'enlever l'honneur pour ne pas avoir à se battre avec moi, je résolus de ne pas me gêner en allant faire un long circuit pour me retirer, et je vous passai sous le bout du nez ; votre préoccupation était bien forte, ou bien vous n'étiez là que pour faire une fausse parade, et vous ne vous souciâtes pas de me reconnaître ; cela vous était bien facile pourtant, puisque je distinguai que vous aviez grandi d'un pouce, que vous vous donniez une attitude martiale, et que l'écho répétait au loin le coup de votre talon sur le pavé.

Je me rappelle à l'instant un couplet d'une chanson intitulée *le Rêve*.

> J'ai rêvé que sous les cieux
> Etait un peuple d'heureux ;
> Les hommes n'y disputaient,
> Ni ne s'insultaient,
> Ni ne se battaient ;
> Il est vrai que ces humains
> N'avaient ni pieds, ni mains.

Je rentre, je m'empresse de demander si vous vous étiez présenté à ma porte : on me fait la description de votre journée.

« Demi-heure après que vous avez été sorti ce matin, vers les onze heures, un homme nommé *la Daune* est venu pour vous dire qu'il y avait un officier qui voulait vous passer son épée au travers du corps à cause d'une femme, qu'il y était dès le point du jour à vous y attendre, qu'il avait été chargé, lui avec un autre, de venir moucharder à votre porte toute la matinée, qu'il était venu une fois demander si vous y étiez, qu'il venait vous en avertir parce qu'il vous connaît, etc.

» Vers deux heures, cet officier, qui était chez la pâtissière du coin, l'a envoyée chez votre hôte pour le prier d'y aller; il commençait son récit lorsque votre hôte, qui avait ses affaires, l'a invité à venir chez lui; là il lui a dit que celui qui était dernièrement venu avec lui était son colonel; il lui a lu vos lettres, il lui a fait l'histoire de ses amours, il lui a protesté qu'il était au repentir de n'avoir pas répondu à la voix de l'honneur, etc.

» Votre hôte lui a représenté qu'à tous ses torts il en joignait de nouveaux : qu'il avait eu tort d'aller chez le commissaire de police; qu'il avait eu tort de venir vous faire faire une mauvaise querelle par un autre, lorsque vous l'attendiez seul d'après son billet de visite de la veille, et son avis qu'il reviendrait le lendemain à neuf heures ; qu'il était honteux qu'il allât demander à la police des renseignemens contre un homme de votre profession, et le plus tranquille de Paris ; qu'il était bien inconvenant de venir s'établir dans la rue et d'avertir toute la rue de ses affaires ; qu'il n'y avait pas de délicatesse à faire moucharder toute la matinée dans son hôtel, etc. »

Comme j'avais eu un dimanche un peu fatigant, d'une autre espèce de fatigue que la vôtre, monsieur le marquis, je quittai en riant à gorge déployée, et m'allai jeter sur mon lit ; mais tout n'est pas joie dans ce monde, et il arrive surtout qu'après un rire immodéré on devient mélancolique et même triste.

Moitié endormi, moitié éveillé, je n'étais pas maître de ma tête ; tout ce que je venais d'entendre se représentait à mon imagination ; mais dans cette foule d'idées qui m'assiégeaient à l'envi, il y en avait une de dominante, c'est celle de *cette épée que l'on me menaçait de me passer au travers du corps.* Enfin, dans ma pauvre tête assoupie cette idée se changea en fait, et je me sentis enfiler d'outre en outre ; je voyais même le bout qui sortait par derrière ; c'était le moment, ou jamais, de se rappeler un autre couplet de la chanson que j'ai déjà citée :

> J'ai rêvé que j'étais mort,
> Je plaignais mon triste sort,
> Je me suivais pas à pas,
>   Pleurant mon trépas,
>   Poussant des hélas ;
> Mais l'amour au même instant
> M'a réveillé bien portant.

Ah! Clotilde, m'écriai-je, il n'est pas auprès de toi ! ni moi non plus ! il charbonne aujourd'hui ses amours chez le marchand de vin du canton, chez la pâtissière du coin, et dans la cuisine de mon hôte ; ah ! s'il m'en avait prévenu quand je suis sorti, je serais venu te soutenir contre l'ennui de la solitude, et peut-être contre les transes du danger......; mais l'emploi de ma journée ne devait pas me laisser long-temps soliloquer avec l'amour, et je portai toute mon attention sur le brave qui arpentait en long et en large la rue Hauteville, tandis que j'étais nonchalemment étendu sur l'édredon.

Quoi ! me disais-je, il est venu au moment où l'aurore aux doigts de rose ouvrait les portes de l'orient ; il y était encore lorsque du soleil les feux amortis achevaient de s'éteindre dans le sein de Thétis ; il y était enfin lorsque la pâle Phœbé, avec son disque argenté, éclairait faiblement les aventures nocturnes ; il y était pour moi, je lui passe sous le nez, et il ne veut pas m'apercevoir ! ne veut-il donc que pouvoir dire qu'il a fait le sac de ma chambre, qu'il a bloqué ma rue, qu'il a peut-être à mon occasion attrapé un rhume, sinon un catarrhe ? eh bien ! comme c'est peut-être la première fois qu'il a bivouaqué, je m'engage, en écrivant son histoire, à lui compter cette nuit pour une campagne.

Comme je suis dans l'habitude de l'avertir sans cesse qu'il gâte son affaire, soit en faisant, soit en ne faisant pas, donnons-lui encore des conseils contre moi-même.

Les Anglais n'étaient pas heureux à tenir un de nos ports bloqués avec un vaisseau, ils avaient encore la ridicule prétention de dominer cent lieues de côtes avec de modiques forces, disséminées sur une aussi grande étendue ; il faut aussi que vous compreniez, monsieur le marquis, que vous ne pouvez pas facilement bloquer seul toute la rue Hauteville ; je vous conseille de la déclarer en état de siège, et pour que les opérations ne vous fatiguent pas trop, nommez pour votre aide-de-camp M. le baron de Cutouly, à qui j'ai demandé, en termes formels, la lettre dont vous m'avez parlé dernièrement, et qui outrage ma réputation; pour charmer vos ennuis et soutenir votre audace, que la valeureuse Clotilde soit avec vous et visite les travaux du siège; si elle venait à sommeiller, menez-la moi (ici je lève la consigne), je lui prêterai un lit de camp qui ne lui est pas inconnu, et peut-être elle reviendra auprès de vous porteuse d'une capitulation qui vous ménagera les honneurs de la guerre, après avoir cimenté une réconciliation éternelle.

Si cela ne réussit pas encore, je vous conseille de mettre ma tête à prix; si vous l'estimez ce qu'elle vaut, vous porterez haut la somme proposée; et alors je viendrai moi-même en demander le paiement, en vous portant cette tête qui pense pour vous tous. Plus d'une fois quand j'étais avec Clotilde dans ces petites discussions inséparables de son commerce, elle me disait : *Vous occupez votre monde*, Mailhos; et elle doit s'apercevoir, tout comme vous, que, quoique je pense pour vous tous, il vous reste encore un peu d'occupation, et *surtout aujourd'hui et demain*; ne me faites jamais l'affront , je vous le répète , de croire que je puis vous perdre un instant de vue l'un ni l'autre, jusques à ce que j'aurai reçu les réparations qui me sont dues et que vous aurez mérité ma protection.

En attendant, monsieur le marquis, si vous faites quelque autre expédition dans mon quartier, et que le temps fût moins beau pour favoriser vos promenades nocturnes du haut en bas et du bas en haut, j'ai conseillé au marchand de vin et à la pâtissière de vous tenir chacun un parapluie tout prêt, pour que le bivouac soit moins écrasant, les assurant qu'ils trouveraient indirectement l'indemnité de parapluie dans le compte de l'autre fourniture. Je m'empresse de vous prévenir qu'avec le mauvais temps chaque nuit comptera pour une double campagne.

Comme il ne faut pas pourtant s'user tout-à-coup, ni s'exposer à des douleurs rhumatismales qui sont les plus cruelles ennemies du plus doux emploi de la santé, j'ai porté la prévoyance jusques à penser à vous procurer en guise de tente un de ces vastes parapluies de toile cirée sous lequel les revendeuses abritent leur petit commerce ; l'aimable Clotilde vous armera de quelques gouttes d'eau de Cologne, contre l'odeur, surtout si elle doit se trouver sous le même dais, parce qu'elle est infiniment délicate et susceptible contre les mauvaises odeurs et les matières visqueuses. Si ce n'était que pour quelques nuits, je traiterais bien à tant par nuit ; mais comme il faut porter dans l'administration l'intelligence et l'économie nécessaires, je ne me dissimule pas qu'il y aurait à gagner s'il s'agissait d'un long terme, de mettre la fourniture au concours par le moyen des Petites-Affiches, et à ne l'adjuger qu'aux conditions les plus avantageuses. N'allez pas croire, monsieur le marquis, que je cherche à connaître indirectement la durée du siège de la rue Hauteville ; je n'ai nul intérêt à cette indiscrétion ; puisque vous ne voyez pas plus loin que le nez quand je vous y passe au bout.

Signé MAILHOS.

N° XXVI. *A M. le marquis de* Fussy.

Paris, le 14 novembre 1818.

Où diable êtes-vous donc, M. le marquis ? à quand renvoyez-vous donc le *devoir* que vous a *imposé* M. le comte Despinois, lieutenant-général, commandant la première division mi litaire, *en votre qualité d'officier français,* *de poursuivre la réparation* de mes prétendues *insultes réitérées, par toutes les voies de droit?* Vous jouez-vous donc des ordres de M. le lieutenant-général comme des invitations de votre serviteur? Que faut-il donc pour vous mettre en mouvement? ou bien, comptez-vous avoir exécuté cet ordre en venant vaguer dans ma rue dimanche dernier? Mais vous aviez reçu l'ordre, non pas de faire une vaine parade, mais bien de *poursuivre la réparation de mes prétendues insultes;* je vous passe sous le nez, et vous ne poursuivez rien?

A vous dire vrai, monsieur, je ne suis pas étonné que vous ne vous soyiez pas cru obligé par un pareil ordre. Si la lettre qui vous l'a transmis est aussi curieuse que celle qui m'en donne avis, je vous demande, comme une faveur, de m'en faire passer une copie en échange de la copie de la mienne, et je vous fais présent en outre des observations dont je vais l'accompagner.

« Monsieur, vos démêlés avec M. de Fussy » ayant pris le double caractère de l'outrage » et de la diffamation personnelle. » Voilà qui va bien jusque - là : j'avais adressé à M. le comte copie de votre lettre du 2 novembre, dans laquelle vous m'outragiez et me diffamiez, en disant que je *jouis ici d'une mauvaise répu-putation*, et que *vous n'avez point l'habitude de vous mesurer avec des gens aussi mal fa-més*. Je lui avais encore envoyé copie de ma lettre du 7 novembre, dans laquelle je vous reprochais d'être allé chez le commissaire de police, à la préfecture de police, au ministère de la police, mendier contre moi des notes de diffamation, comme s'il pouvait y en exister, pour me flétrir, afin de pouvoir vous dispenser de me donner la satisfaction qui m'était due. M. le comte ne pouvait donc mieux commencer sa lettre que par ces mots : « Vos dé-» mêlés avec M. de Fussy ayant pris le double » caractère de l'outrage et de la diffamation » personnelle. »

« J'ai l'honneur de vous prévenir que je m'en » interdis dès ce moment la connaissance. » Qui avait déféré à M. le comte la connaissance de nos démêlés, pour qu'il puisse dire qu'il s'en interdit dès ce moment la connaissance ? Certainement ce n'est pas vous, M. le marquis; car vous fûtes assez contrarié la première fois que vous apprîtes que je lui avais écrit, pour faire le pendant de votre communication au commissaire de police. Mais, quand je lui écrivis, ce ne fut pas pour le constituer juge de nos différens; il crut même devoir m'observer qu'il ne pouvait pas s'occuper de nos discussions; je lui répondis que je n'avais pas eu l'inconvenance de les lui soumettre; que je ne lui aurais parlé de rien si, d'après votre système des *intermédiaires*, vous n'aviez jugé à propos, vous, officier français, de mettre dans nos différens un commissaire de police entre vous et moi. Dans cette situation, je le priai seulement de faire exécuter les règlemens militaires à l'égard d'un officier à demi-solde, absent de sa résidence, qui ne pouvait se trouver à Paris sans *permis de séjour*. M. le comte me répondit que vous aviez demandé à S. Ex. le ministre de la guerre l'autorisation de rester à Paris, et qu'il vous renverrait dans votre résidence si vous ne l'obteniez pas. Je dus vous féliciter de ce que M. le comte tempérait en ce moment son administration, qui n'avait été recommandable jusqu'ici que par ses formes acerbes.

« Et que, bien loin d'ordonner l'éloignement » de cet officier, dans la situation pénible où » l'ont placé vos insultes réitérées. » Oh! M. le comte n'a pas lu la lettre qu'il a signée. Il n'y a qu'un mauvais commis qui, après lui avoir fait dire qu'il *s'interdit dès ce moment la con-naissance de nos démêlés*, puisse inconséquemment lui en faire prendre connaissance aussi-tôt, en les qualifiant *insultes réitérées* de ma part, au mépris des monumens susmention-nés qu'il avait en mains, et qui attestaient vos efforts à me diffamer, et lui faire préjuger qu'il vous est dû *réparation*, tandis que c'est vous qui devez *satisfaction*. C'est bien pire encore, s'il a réellement lu cette lettre, qu'il qualifie nos démêlés avec si peu de justice et de ménagement. M. le comte ne serait-il donc acerbe qu'au civil, quand il retrouve de l'a-ménité pour le militaire ? Que dis-je, de l'aménité ? c'est de l'indulgence, c'est même de l'impunité. Il ne vous avait permis de res-ter en ville qu'à condition que le ministre vous accorderait un permis de séjour ; dix jours après, je lui apprends que vous avez abusé de sa confiance, que vous n'avez fait aucune de-mande de *permis*, et qu'il ne lui reste qu'à vous appliquer la discipline militaire. Eh bien ! M. le comte, qui précédemment vous aurait fait mener à l'Abbaye, ou qui, pour le plus favorable, vous eût enjoint de quitter Paris sous vingt-quatre heures, vous dit galamment aujourd'hui de rester en ville. Je vous félicite d'abord, monsieur, de l'exception dont il vous a honoré, et dont il me donne avis par la lettre que j'ai reçue, lettre que je préfère un million de fois à l'ordre qu'il aurait dû vous donner de quitter Paris. Mais, cela ne s'appelle pas faire son devoir ; voyons quel grand motif il a eu pour s'écarter de ce que lui prescrivaient les règlemens militaires.

« Je lui impose le devoir, en sa qualité » d'officier français, d'en poursuivre la répa- » ration, par toutes les voies de droit. » M. le comte m'a accusé de vous avoir *placé dans une situation pénible ;* convenez, monsieur, que M. le comte vous a placé dans une situation plus pénible, en vous imposant le devoir de poursuivre une réparation ; cet ordre vous tue moralement, et vous interdit à jamais tout service militaire. Et quel officier français voudrait servir avec celui à qui un général a dû *imposer le devoir* de poursuivre la réparation des insultes réitérées qu'il a reçues ? Je vous disais dans ma lettre du 31 octobre. « Je vous » décerne la grande décoration de l'ordre des » lâches, qui est un *crachat sur la figure.* »

« Je lui impose le devoir, dit M. le comte » Despinois, en sa qualité d'officier français,

» d'en poursuivre la réparation. » Il n'y a que différence dans l'expression ; c'est un double brevet *de lâcheté.*

« Par toutes les voies de droit, » dit M. le comte ; il y a donc plus d'une voie de droit ; il est une certaine voie de force que les militaires appellent voie de droit, et qui consiste dans la raison de l'épée ou du pistolet ; il y a la voie des tribunaux desquels le préjugé éloigne les militaires.

M. le comte n'a vraisemblablement entendu parler que de la première voie de droit, dans laquelle il est permis aux braves d'être juges et parties ; et c'est en cela que sa lettre est aussi extraordinaire qu'inconvenante. La loi sur le point d'honneur fut toujours impuissante en France ; elle défend de se battre, mais le préjugé, plus puissant, déshonore celui qui n'ose se battre ; et l'on se bat, et l'on se battra, et la loi demeurera muette. Mais le silence de la loi ne légitimera jamais, et n'excusera jamais l'ordre d'un supérieur à un officier de vider un différent les armes à la main ; c'est placer cet officier entre l'obéissance à la loi et la désobéissance à son général ; c'est le placer entre le déshonneur légal et l'honneur du préjugé. Aussi, jamais général ne s'avisa de donner un pareil ordre; aussi, M. de Fussy en a-t-il fait justice, en n'y obéissant pas; la loi lui a paru tenir un langage de conservation plus analogue à son inclination, et il répond à son général qui croyait le placer dans une situation digne de son envie : « J'aime » mieux obéir à la loi que m'exposer à rem- » plir le devoir que vous m'imposez. »

Mais quel pouvait être le résultat d'un ordre aussi extravagant? Supposons que M. de Fussy eût voulu s'y conformer; où trouvait-il un adversaire? Il aurait fallu que cet ordre eût eu le mérite de le réhabiliter pour le rendre digne de celui qui lui avait dit, *je vous méprise.* Ce langage accablant, plus meurtrier pour un homme d'honneur que les épées et les pistolets; ce langage était autorisé par les longs refus de M. de Fussy à se rendre au cri de l'honneur, par son recours au commissaire de police, par ses efforts à flétrir son adversaire pour ne pas avoir à le combattre. Son adversaire n'est pas d'ailleurs soumis aux ordres d'un général; il est vrai qu'il s'impose lui-même, quand il y a lieu, et sans avoir l'honneur d'être officier français, le devoir de poursuivre la réparation des insultes qu'il reçoit.

L'ordre de se battre ! On a bien pu jusqu'ici exposer au feu des conscrits, en première ligne : c'est qu'il y avait une seconde ligne de vétérans qui soutenait la première. Mais dans un combat particulier, chacun forme, à *lui seul*, l'avant et arrière garde ; s'il n'est contenu par la bravoure, il déserte le champ d'honneur, et tous les ordres sont inutiles pour l'y ramener. L'ordre de se battre ! Il me semble voir ces affiches de théâtre où l'on annonce *une représentation par ordre*; pour moi qui ne me suis pas voué à l'amusement du public, je ne pourrais concourir à cette représentation insensée.... Quel supplice que cet ordre pour un officier français ! En serait-il moins déshonoré, en s'y soumettant ? et ne dirait-on pas qu'il ne s'est battu que par ordre ? Cet ordre n'est-il pas la preuve de sa lâcheté ? ne devient-il pas une cartouche infamante pour celui qui l'a reçu ? N'y a-t-il pas de l'extravagance à l'avoir donné ?

Supposons que par *toutes les voies de droit,* M. le comte Despinois n'ait entendu parler que du recours aux tribunaux, puisque son client avait déjà décliné la voie de droit en usage parmi les officiers ; mais, monsieur, l'ordre de M. le comte n'est pas moins acca-

blant pour vous, puisque tout le monde va
savoir que ce n'est encore que *par ordre* que
vous poursuivez dans le temple de Thémis
une réparation qu'il vous eût été bien plus
doux de ne pas exiger. Allons donc, M. le
lieutenant, un peu d'activité enfin ; puisque
la première voie de droit est usée sans en avoir
fait usage, de grâce, venez un peu vous exposer à la risée publique dans les débats du tribunal ; le général l'a ordonné. La lettre de M. le
comte Despinois est un monument historique
dans les fastes militaires, autant en l'honneur
du patron qu'en celui du client qu'il a pro-
tégé. Il faut que je les immortalise l'un et
l'autre, en la faisant imprimer dans les *Lettres
normandes* et dans la *Bibliothèque historique*.
M. le comte Despinois se passerait peut-être
de cette publicité, il vous en témoignera
peut-être de l'humeur ; mais je lui apprendrai qu'on ne manque pas impunément aux
égards dus à un homme aussi distingué au
moins dans sa profession qu'il peut l'être
dans la sienne.

Je ne peux vous lâcher, monsieur le marquis, qu'après vous avoir fait réfléchir que vous
vous êtes fait tout le mal vous-même, et que
vous ferez bien à l'avenir de vous défier de

votre fatuité et de votre impertinence , double source des peines et mystifications que vous venez d'éprouver , et dont vous supporterez toute la vie le déplorable résultat.

Fatigué de voir que je vous réfute constamment dans vos projets et démarches sur l'affaire de madame Rambaud , vous lui conseillez de remettre ses papiers à un autre avocat , par deux fois et en ma présence; je ne m'en scandalise pas.

Quand vous m'avez enlevé son affaire , vous ne vous gênez pas , vous m'enlevez ma cliente sans qu'elle m'ait satisfait ; cela n'est pas plus loyal que ce qui précède.

Je vous écris une lettre très-modérée , où je vous expose ma situation , vous priant de préférer ma reconnaissance à des plaintes qui pourraient devenir sérieuses : point de réponse.

Je vous surprends , à votre retour , le 22 octobre , sortant avec madame Rambaud de chez le commissaire de police , où vous aviez été faire des tracasseries contre moi. Je garde le silence.

Je vous fais deux visites à votre hôtel les 22 et 24 octobre ; je reçois de vous enfin une lettre sans signature , pleine de grossièretés et d'insolences ; je vous réponds d'une manière non équivoque pour un officier français.

Vous portez mes billets de visite et mes lettres chez le commissaire de police, et vous m'invitez à me rendre chez lui ; je méprise votre invitation ; votre conduite m'inspire de m'adresser à l'état-major pour vous faire renvoyer dans votre résidence, puisque vous ne vous rendez pas à la voix de l'honneur ; votre conduite m'inspire encore d'envoyer une notice sur vous et sur madame Rambaud à ce commissaire de police, devant lequel vous m'aviez lâchement appelé.

Vous m'envoyez, comme un polisson, un paquet en blanc ; vous vous attirez une réponse foudroyante.

Vous faites faire auprès de moi une démarche confidentielle, vous me faites demander de ne pas écrire chez vous, je suspends le paquet qui était fait : vous voilà dans la voie d'un arrangement quand vous gâtez tout de nouveau.

Vous m'écrivez que vous ne vous êtes pas rendu au champ d'honneur parce que vous ne vous mesurez pas avec un homme aussi mal famé que moi ; cette diffamation n'est qu'un prétexte pour ne pas vous battre ; vous serez bientôt victime de votre infamie.

Vous venez violer mon domicile avec un second, par qui vous me faites quereller et proposer le duel ; toujours votre bravoure cherche des intermédiaires ; je feins de vous refuser, d'après l'avis d'un prétendu témoin ; vous êtes on ne peut plus satisfait de mon apparente résolution. J'apprends à votre famille votre conduite si peu digne d'elle.

Je vous récris pour réveiller votre valeur assoupie sous les lauriers cueillis dans ma chambre, je ne vous vois pas.

Enfin, ayant reçu des renseignemens sur vos démarches infâmes contre moi pour flétrir votre adversaire, afin de ne pas avoir à le combattre, je fais usage de votre maxime, qu'on ne doit pas se battre avec un homme déshonoré, et je vous écris que je ne veux pas me souiller d'un sang aussi lâche que le vôtre, me réservant toujours de me donner satisfaction devant le tribunal de l'opinion publique.

Je demande à M. le comte Despinois de vous renvoyer chez vous, puisque vous ne faites que des lâchetés dans Paris ; il me répond *qu'il vous a imposé le devoir, en votre qualité d'officier français, de poursuivre la réparation,* etc. Voilà un brevet de lâcheté, une cartouche infamante.

En vertu sans doute de cet ordre, vous venez passer votre dimanche tantôt chez le marchand de vin, tantôt chez la pâtissière, tantôt chez mon hôte; vous leur lisez mes lettres, vous leur apprenez vos amours pour madame Rambaud, vous bivouaquez jusqu'à minuit, je vous passe sous le nez, et vous me laissez passer facilement malgré le devoir qui vous est imposé. Le lendemain, je vous mystifie en vous envoyant le procès-verbal de la veille.

Plusieurs jours après, ne voyant pas que vous remplissiez *l'ordre de poursuivre la réparation imposée*, etc., je vous appelle à grands cris, je fais retentir l'écho des environs; je n'ai plus entendu parler de vous; il faudra vous faire trompetter.

Que de saletés! et rien de cela n'avait lieu s'il vous avait plu de me voir un instant à votre retour, si vous aviez su surtout ne pas prendre des tons de Mascarille envers un homme dont madame Rambaud vous avait fait les plus grands éloges, et en qui vous saviez être une énergie peu ordinaire; si vous aviez eu la sagesse et la valeur nécessaires pour ne pas mettre entre vous et moi des *intermédiaires*; si vous aviez su faire suite à la démarche de conciliation que vous aviez tentée, etc. ; vous n'avez jamais fait de mouvement que pour vous faire écraser ; je n'ai jamais rien fait qu'après avoir été excité par vos démarches déloyales , et vous ne ferez pas un pas que je ne fasse une lieue ; votre sort et dans mes mains.

Pour moi , monsieur , qui , quoi qu'en ordonne monsieur le comte , n'ai aucune réparation à vous faire , mais qui ai des satisfactions à m'accorder , puisque vous m'avez refusé celles que l'honneur devait vous inspirer , je suis enchanté , pour l'intérêt de votre correspondance , de pouvoir la terminer par une pièce aussi curieuse que la lettre de M. le comte Despinois.

Cette épistole est la dernière dont je vous honore , parce que je trouve le recueil assez volumineux , quoique vous n'ayez pas fait de gros frais pour fournir votre contingent , et parce que le combat cesse , faute de combattans , même *par ordre.*

Signé MAILHOS.

P. S. Ce sera bien à propos que notre correspondance arrivera à Bourges , aujourd'hui que les soirées commencent à être un peu longues.

N° **XXXI.** *A M.* Maugis, *juge d'instruction.*

Paris, le 9 décembre 1818.

Monsieur,

Vous avez eu la bonté de me dire avant-hier que vous ne trouviez pas fondée ma plainte contre M. le comte Despinois, lieutenant-général commandant la première division militaire. Dans l'état de faiblesse et d'étourdissement où je me trouve, je ne dus pas insister de moi-même à l'appui de la plainte ; à plus forte raison n'avais-je pas dû prendre sur moi, dans le premier instant, cette démarche, quelque fondée qu'elle eût pu me paraître, puisque je ne suis pas, et peut-être pour bien long-temps, dans le cas de donner ni de prendre conseil de moi-même. J'ai donc réuni mes conseils, je les ai priés de se remettre sous les yeux leur délibération, de la mûrir de nouveau, et de ne pas s'arrêter à des indices qui pourraient bien attirer sur M. le comte Despinois le blâme et la destitution, mais qui seraient insuffisans pour l'envelopper dans une procédure criminelle. Je vous fais passer, monsieur le juge, le résultat de la nouvelle délibération.

En fait, M. le comte Despinois a donné l'ordre au sieur Gasseau de Fussy de poursuivre une réparation de prétendues insultes, par toutes les voies de droit ; il a même préjugé que c'est une réparation qui lui est due, et que ce n'est pas une satisfaction qu'il doit.

Le consultant reçut cet avis, pour réponse à la lettre par laquelle il avertit, le 9 novembre, M. le comte Despinois, que celui qui avait reçu ses ordres le 7, avait été pendant toute la journée du 8 en guet-apens dans son quartier.

Il l'avait de plus sollicité, le 27 octobre et le 7 novembre, pour l'exécution des règlemens militaires envers un officier à demi-solde, qui n'a pas l'autorisation de quitter sa résidence et de venir habiter Paris.

Il l'avait enfin prévenu, le 7, que cet officier avait amené, le 5, chez lui, un autre officier par lequel il le fit quereller, et par lequel il lui fit même directement proposer un cartel, tandis qu'il l'annonça ensuite comme son témoin.

En droit. Le conseil, qui s'en réfère d'ailleurs à sa précédente délibération (que le soussigné a fondue dans la plainte contre M. le comte Despinois), est persuadé que l'ordre de M. le comte Despinois au sieur Gasseau de Fussy était de vider par un combat d'honneur ses différens avec le consultant, et que M. le comte ne lui ordonna pas, le 7 novembre, d'assassiner celui qui avait recouru à son autorité.

Après cette déclaration franche et loyale, le conseil doit apprécier cet ordre, en le combinant avec les faits qui l'avaient précédé, et le malheureux évènement qui l'a suivi.

L'ordre donné au sieur Gasseau de Fussy est insolite, imprudent, et au-delà de toute juridiction militaire. Si le combat ordonné eût eu lieu, le lieutenant-général était comptable de l'abus de son autorité, d'abord envers le prince, qui ne la lui a confiée que pour la défense de la nation et du trône; et ensuite envers la famille qui aurait perdu l'un des deux combattans. Il ne paraît pas douteux que si, dans l'affaire du sieur Saint-Maurys, il eût existé un pareil ordre, la chambre des pairs n'eût jugé messieurs les capitaines des gardes-du-corps auteurs de cet ordre; mais, au lieu d'un ordre, il ne dut exister de leur part qu'un conseil, que le sieur Saint-Maurys aurait dû recevoir directement de l'honneur. D'ailleurs, nul rapprochement dans les espèces:

là, deux lettres imprimées avaient rendu publique la provocation ; ici, l'autorité seule est
avertie; là, la provocation du colonel Dufay exis-
tait ; ici, le consultant déclarait à M. le comte,
Despinois qu'il renonçait à se battre avec un
homme qui s'était montré lâche jusqu'alors, et
M. le comte voyait encore dans la lettre adres-
sée à l'officier qu'il le prévenait qu'il renonçait à la satisfaction demandée, parce qu'il
s'était rendu infâme à ses yeux par ses efforts
à le flétrir pour ne pas avoir à le combattre ;
en un mot, l'officier était loin de demander à
M. le comte Despinois une réparation, puisqu'il ne paraissait devant lui que mandé sur
la sollicitation du consultant qu'il fût renvoyé
dans sa résidence par mesure de police ; si,
d'ailleurs, il eût désiré une réparation ou
voulu donner une satisfaction constamment
refusée, il était inutile de faire intervenir
M. le comte Despinois ni aucune autorité,
puisque le consultant lui avait notifié, dès le
25 octobre, qu'il ne faisait jamais intimer à
quelqu'un sa volonté par *des intermédiaires.*
Là, il s'agissait d'un officier appartenant à un
corps, et qui n'aurait absolument pu y rester
sans se trouver exposé tous les jours, de la part
de tous les officiers, au sort réservé à un lâche ;

et c'est en cela que le conseil de messieurs les capitaines des gardes-du-corps était peut-être paternel et propre à prévenir des désastres journaliers. Ici, il n'était question que d'un officier en non activité, sur lequel le lieutenant-général Despinois n'avait aucune juridiction, si ce n'est celle d'une police momentanée qu'il refusa d'exercer, et qui aurait sauvé à cet officier la vie et les apparences de l'honneur. Le comte Despinois est donc responsable d'un pareil ordre, qui outrage à la fois la morale, la législation, les règlemens militaires et la couronne, d'autant que chaque roi de France jurait, lors de son sacre, de ne jamais étendre sa clémence jusque sur les duels.

Mais qu'il se trouve loin de cette situation répréhensible, quoique généreuse! M. le comte Despinois est averti le 9 au matin que l'officier auquel il a voulu ménager par son ordre le moyen de réparer son honneur, a préludé à l'assassinat en se constituant toute la veille en état de guet-apens; que fait-il pour faire cesser ce guet-apens, lui, chargé de la police militaire de la capitale? mande-t-il l'officier qui avait reçu son ordre pour lui représenter qu'il court à sa perte, que son or-

dre a pour objet une affaire d'honneur et non
un assassinat, qu'il est bien ingrat envers lui
de le compromettre par un projet d'assassinat,
lorsqu'il lui a donné le moyen de sauver son
honneur ! prend-il des mesures pour faire
cesser ce guet-apens? Non, il dure dix jours,
malgré l'avis qu'il en reçoit dès le premier
jour, malgré les moyens de police et de sur-
veillance mis à sa disposition, malgré la sol-
licitude qu'il aurait dû avoir, dans une affaire
de cette nature, de s'assurer de quelle manière
son ordre était exécuté, quand bien même son
oreille n'aurait été frappée d'aucun avertissement, lui qui s'était déjà montré négligent
dans l'application des règlemens militaires
pour renvoyer dans sa résidence un officier
qui n'avait pas de permis de séjour; lui qui
s'était montré indifférent sur la violation de
domicile qui lui était dénoncée relativement à
l'officier qui avait accompagné le sieur de
Fussy chez le consultant; il méprise l'avis
qu'il reçoit de ce guet-apens, ou plutôt il
approuve le guet-apens, puisqu'il se borne à
répondre froidement à celui qui l'en avertit,
qu'il a imposé le devoir à cet officier de poursuivre une réparation.

Ne semble-t-il pas même de la simple approbation passer activement à l'exécution du projet d'assassinat, lorsque le guet-apens qui avait langui dans la huitaine, redevient le 17, dès le point du jour, aussi constant qu'il avait été le 8, lendemain de l'ordre reçu? et cela parce que la veille l'officier lui avait communiqué la lettre envoyée par le consultant, par laquelle il l'avertissait qu'il allait faire insérer dans les *Lettres Normandes* et dans la *Bibliothèque historique* la lettre du comte Despinois, contenant l'ordre extravagant qu'il en avait reçu. Ici, à la vérité, nous ne raisonnons que par induction; mais cette induction accablante dérive de la réponse de M. le comte Despinois à l'avis qu'il reçoit du guet-apens, et à son incurie sur les suites.

Mais quand on ne s'arrêterait pas à cette dernière induction que l'on pourrait trouver trop violente, quoique bien vraisemblable, il demeure incontestable que M. le comte Despinois, averti comme il était du guet-apens, a commis une négligence grave, une faute grave, en ne prévoyant pas ce que tout le monde eût prévu, et lui surtout, après l'ordre extraordinaire qu'il avait donné. Or, la grande négligence, la grande faute est comparée dans les lois au dol et à la fraude; il est responsable de ne pas avoir pris les mesures que commandaient les fonctions dont il est revêtu. Il a prévariqué, et il doit répondre de la prévarication; il a assumé sur lui la responsabilité de l'évènement; s'il n'a pas commandé l'assassinat dans le dernier moment, il paraît ouvertement l'avoir approuvé, puisqu'il ne l'a pas empêché, ayant le pouvoir de l'empêcher, et de prévenir tout accident désastreux.

D'après ces motifs, je persiste dans ma plainte.

J'ai l'honneur, etc.   *Signé* MAILHOS.

DOUBLE LEÇON

A M. le lieutenant-général comte
Despinois.

Par la lettre du 9 novembre, tout en me prévenant qu'il s'interdisait la connaissance de mes démêlés avec le sieur de Fussy, M. le comte Despinois m'attribua de prétendues insultes réitérées, et préjugea que je devais une réparation à celui dont je lui avais fait connaître les torts à mon égard, et dont j'avais vainement réclamé une satisfaction.

Plus conséquent que lui, et magnifique toujours en ma reconnaissance, j'ai l'honneur de lui dédier ma double leçon.

Le général Despinois fut *très-mal* à la tête d'une division au dehors; premier point.

Le général Despinois ne fut pas *trop bien* à la tête d'une division au dedans; second point.

§ Ier. TRÈS-MAL.

Extrait d'une lettre de Bonaparte.

Je crois utile, citoyens directeurs, de vous donner mon opinion sur les généraux employés à cette armée; vous verrez qu'il en est fort peu qui peuvent me servir. *Berthier:* talens, activité, courage, caractère, tout pour lui. *Augereau :* beaucoup de caractère, de courage, de fermeté, d'activité; a l'habitude de la guerre, est aimé du soldat, heureux dans ses opérations. *Masséna :* actif, infatigable; a de l'audace, du coup-d'œil et de la promptitude à se décider. *Serrurier :* se bat en soldat, ne prend rien sur lui, ferme, n'a pas assez bonne opinion de ses troupes, est malade. *Sauret :* bon, très-bon soldat, pas assez éclairé pour être général; pas heureux.

Abatucci : pas bon à commander cinquante hommes. *Macquart* : brave homme, pas de talens, vif. *Gauthier* : bon pour un bureau ; n'a jamais fait la guerre. *Vaubois* et *Sahuguet* : étaient employés dans les places ; je viens de les faire venir à l'armée, j'apprendrai à les apprécier ; ils se sont très-bien acquittés de ce que je leur ai confié jusqu'ici ; mais l'exemple du général *Despinois*, qui était très-bien à Milan et *très-mal à la tête de sa division*, m'ordonne de juger les hommes d'après leurs actions, etc.

§ IIe. PAS TROP BIEN.

Un ancien disait qu'il apprenait tous les jours en vieillissant. Quoique à la retraite, M. le lieutenant-général comte Despinois peut encore apprendre de son successeur le devoir de commandant de la première division militaire, dont il a pourtant rempli les fonctions pendant plusieurs années.

Première division militaire. — Avis.

« Monsieur le lieutenant-général commandant la première division militaire a l'honneur de prévenir messieurs les officiers de toutes armes, en activité de service comme

en non activité, arrivant à Paris, qu'ils doi-
vent se présenter, dans les quarante-huit
heures, à l'état-major général de la division,
place Louis XV, n° 8 (bureau de la police
militaire), de deux à quatre heures, pour y
faire régulariser leur séjour dans la capitale.

» A défaut par eux de se conformer au présent ordre, ils seront regardés comme étant en
contravention formelle aux règlemens militaires. »

Donc le comte Despinois a été en contravention formelle avec les règlemens militaires,
en ne les faisant pas exécuter envers le sieur
Gasseau de Fussy, même après avertissement.

En faisant son devoir, au lieu de donner
un ordre extravagant, il eût évité à son pro-
tégé un acte de bassesse que la loi punit d'une
peine très-forte ; j'aurais évité les douleurs et
les tristes suites de l'assassinat ; et le comte
Despinois aurait évité de voir son nom frappé
de l'*ostracisme*. Mais, nouvel Aristide, qu'il
se console de ce que je grave son nom sur le
fatal coquillage, lorsqu'il en est si amplement
dédommagé par le concert des bénédictions
qui partent de la bouche de tout militaire
venu à Paris, depuis le jour qu'il fut nommé
au commandement de la première division.

Donc {
le comte Despinois fut *très-mal* à la tête d'une division à l'armée;

le comte Despinois ne fut pas *trop bien* à la tête d'une division militaire dans l'intérieur;

le comte Despinois est *très-bien* à la retraite, qui laisse le temps de perfectionner son instruction.

Le mieux servi de tous les gouvernemens sera celui qui aura la sagacité nécessaire pour mettre chacun à sa place. *Signé* MAILHOS.

Le dernier Cri d'un dépositaire de la Charte, ou *Coup-d'œil rapide sur l'état actuel des libertés nationales,* par M. J. B. Mailhos, membre de plusieurs sociétés savantes, etc.; 1 vol. *in-8°,* prix 3 fr., et 4 fr. *franc de port.*

Cet ouvrage ne pouvait être indifférent à aucun citoyen; il devint le consolateur de toutes les classes de la société, par l'énergie des vœux de son auteur, qui se déclara l'interprète de la nation pour l'entier accomplissement de la Charte constitutionnelle; ses vœux ont été exaucés. Dans le discours d'ouverture de la session actuelle, Sa Majesté a rassuré tous les esprits en déclarant que la Charte allait être pleinement exécutée, et que tous les projets de loi présentés seraient en harmonie avec la loi fondamentale. L'ouvrage annoncé traite de la Charte constitutionnelle; — des lois organiques; — des lois d'exception; — des lois et ordonnances royales; — de la prérogative royale et de la prérogative nationale; — de la Patrie, du Roi et des Chambres; — de l'opinion, de l'opposition et du ministère; — du ministère de la police générale; — du gouvernement représentatif; — de l'indépendance des colléges électoraux; — de la liberté de la discussion et du vote dans les Chambres; — du consentement de l'impôt; — du consentement de l'armée; — de l'indépendance judiciaire; — de la responsabilité des ministres; — de l'égalité des Français devant la loi; — de la contribution dans la proportion de la fortune; — de l'égale admissibilité aux emplois civils et militaires; — de la garantie de la liberté personnelle; — de la liberté de conscience; — de la manifestation de ses opinions par la presse et par la poste aux lettres; — de l'inviolabilité de la propriété; — de l'oubli des opinions et des votes jusqu'à la restauration; — de la liberté des enfans; — du droit de pétition, etc.

FIN.

www.ingramcontent.com/pod-product-compliance
Lightning Source LLC
Chambersburg PA
CBHW051729050726
47598CB00003B/1101